NOTICE

SUR

M. MOREL D'ARLEUX

(LOUIS-MARIE-JOSEPH)

PEINTRE DE PAYSAGES
CONSERVATEUR DES DESSINS ET PLANCHES GRAVÉES
DU MUSÉE DU LOUVRE

1755-1827

SUIVI DU RELEVÉ RAISONNÉ DE SES ŒUVRES D'ART

PAR

ÉM. DELIGNIÈRES
PRÉSIDENT HONORAIRE DE LA SOCIÉTÉ D'ÉMULATION D'ABBEVILLE
MEMBRE NON RÉSIDANT DU COMITÉ DES SOCIÉTÉS DES BEAUX-ARTS
DES DÉPARTEMENTS

In studio quies.

PARIS
TYPOGRAPHIE PLON-NOURRIT ET Cie
RUE GARANCIÈRE, 8
—
1905

NOTICE

SUR

M. MOREL D'ARLEUX

Ce mémoire a été lu à la réunion des Sociétés des Beaux-Arts des départements, tenue dans l'hémicycle de l'École des Beaux-Arts, à Paris, le 14 *juin* 1905.

NOTICE

SUR

M. MOREL D'ARLEUX

(LOUIS-MARIE-JOSEPH)

PEINTRE DE PAYSAGES
CONSERVATEUR DES DESSINS ET PLANCHES GRAVÉES
DU MUSÉE DU LOUVRE

1755-1827

SUIVI DU RELEVÉ RAISONNÉ DE SES ŒUVRES D'ART

PAR

ÉM. DELIGNIÈRES

PRÉSIDENT HONORAIRE DE LA SOCIÉTÉ D'ÉMULATION D'ABBEVILLE
MEMBRE NON RÉSIDANT DU COMITÉ DES SOCIÉTÉS DES BEAUX-ARTS
DES DÉPARTEMENTS

In studio quies.

PARIS
TYPOGRAPHIE PLON-NOURRIT ET Cie
RUE GARANCIÈRE, 8

1905

L. M. J. MOREL D'ARLEUX 1755-1827

Peintre de paysages, conservateur des dessins
et planches gravées du Musée du Louvre

AUX PETITS-ENFANTS

DE MONSIEUR MOREL D'ARLEUX

Hommage de cette étude sur leur aïeul dont la mémoire est restée à si juste titre en profonde vénération dans sa famille.

EM. D.

NOTICE

SUR

M. MOREL D'ARLEUX

(Louis-Marie-Joseph)

PEINTRE DE PAYSAGES

CONSERVATEUR DES DESSINS ET PLANCHES GRAVÉES DU MUSÉE DU LOUVRE

Abbeville 1755-Paris 1827.

Nous avons fait connaître l'an dernier la vie et les œuvres d'un peintre de tous points estimable, M. *Pierre Adrien Choquet*, resté pour ainsi dire inconnu en dehors de sa ville natale, Abbeville, qu'il n'avait jamais quittée dans le cours d'une existence assez longue et laborieusement remplie, de 1743 à 1813.

Un autre Abbevillois qui, lui, s'est distingué tout à la fois par ses productions artistiques et par son érudition, méritait également d'être tiré de l'oubli : c'est M. *Louis-Marie-Joseph Morel d'Arleux*. Sa vie, tout aussi honnête et digne que celle de son compatriote et presque son contemporain, n'a pas été moins complètement et utilement consacrée aux arts, comme on le verra. Dans une sphère plus élevée, à Paris, où il a presque toujours résidé depuis son adolescence, il a rendu les plus grands services à l'administration des Beaux-Arts, tant par ses connaissances étendues que par son remarquable talent d'organisation ; il a, de plus, laissé des œuvres qui ne sont pas sans mérite. Il convient donc, à tous égards, de lui donner une place assez large parmi les nombreux artistes et amateurs d'art que la cité picarde peut se glorifier d'avoir produits depuis des siècles, surtout dans la gravure.

M. Morel d'Arleux était issu d'une des familles de haute bourgeoisie les plus considérées d'Abbeville. Cette famille est encore représentée de nos jours par une longue suite de descendants. Actuellement, les petits-enfants et arrière-petits-enfants de celui qui fait l'objet de cette notice sont au nombre de cinquante-cinq, et ils occupent, pour la plupart à Paris, des situations très honorables. Un de ses neveux, M. Morel de Campennelle (Marie-Mathieu), 1768-1856, resté à Abbeville, y a laissé la réputation d'un fervent amateur d'art, protégeant, comme d'autres aussi de ses parents, les jeunes artistes de son pays qui montraient d'heureuses dispositions. C'est aux encouragements, aux conseils et aussi à la bourse de M. Morel de Campennelle [1] et à ceux d'autres membres de la famille que nos graveurs Bridoux, Émile Rousseaux et Lestudier-Lacour ont dû de persévérer et de réussir dans la gravure en taille-douce [2]. Aussi le nom des Morel est-il resté honorablement connu à Abbeville et il se rattache aux succès de ces artistes.

M. Morel d'Arleux (Louis-Marie-Joseph) est né dans l'ancienne capitale du Ponthieu, le 27 janvier 1755 [3]. Ses parents habitaient sur la paroisse de Saint-Georges, au centre de la ville, la maison, assez ancienne, qui se trouve près de la place du marché au blé ou du Bourdois (aujourd'hui place de l'Amiral Courbet [4]). D'après une note conservée dans la famille, il était le dix-huitième et dernier enfant de Jean-Mathieu Morel et de dame Marie-Joseph Florée; leur premier enfant, des mêmes prénoms, Jean-Mathieu, avait épousé dame Marie-Louise Aliamet, de la famille des Aliamet, graveurs abbevillois.

Le jeune Morel d'Arleux montra de bonne heure d'heureuses dispositions pour le dessin; vers 1771, alors qu'il n'avait encore que quinze à seize ans, il fut, nous dit M. Louandre père, l'historien et le biographe abbevillois qui l'a suivi pendant toute sa carrière, envoyé par ses parents à Paris. Nous le trouvons inscrit

[1] Voir Notice sur M. M. de C., officier de la Légion d'honneur, par M. E. Prarond (*Mém. Soc. d'Emulat.*, t. VIII, 1852-1857, p. 652 à 661.)

[2] Voy. *Émile Rousseaux, graveur d'Abbeville;* biographie et catalogue de son œuvre par Emile Delignières. Abbeville, C. Paillart, 1877, in-8°, 37 p.

Etude sur la vie et l'œuvre de Bridoux, graveur d'Abbeville, par le même auteur. Abbeville, C. Paillart, 1893, in-8°, 23 p., avec portrait.

[3] *Registre des actes de baptême de la paroisse Saint-Georges :* « Le 27 janvier 1755 est né et le lendemain a été baptizé *Louis-Marie-Joseph*, fils du légitime mariage de M. Jean-Mathieu Morel, marchand patenté de cette ville, et de d[lle] Marie-Joseph Florée, ses père et mère. Le parrain a été M. Louis Lebel, avocat au Parlement et bailly de Rue; la marraine d[lle] Marie-Anne Delobel, veuve de feu M. des Royez, marchand de la ville de Paris, qui ont signé avec nous, curé de Saint-Georges. Signé : Marianne Delobel, Lebel, Duval, curé. »

[4] C'est la première de la rue des Lingers, autrefois dite du Puits-à-la-Chaîne et qui, depuis peu, porte le nom de M. Alfred Cendré, l'un des bienfaiteurs les plus généreux des hospices. Cette maison, qui existe encore, se trouve à l'angle de la rue de la petite Halle de la Boucherie; elle portait, d'après d'anciens titres, l'enseigne du Heaume et aussi du Hainaut.

en 1778 parmi les élèves de l'École des beaux-arts; puis il entra dans les ateliers de Doyen et de Vien, et, à l'exemple de plusieurs de ses compatriotes, il se mit aussi à la gravure et il travailla dans ce genre pour des libraires et pour des éditeurs d'estampes.

Voulant se perfectionner dans les arts auxquels il se destinait, il se rendit avant la Révolution en Italie aux frais de sa famille; le séjour qu'il fit à Rome peut se placer de 1786 à 1788. Il s'y rencontra avec plusieurs jeunes artistes, la plupart envoyés comme prix de Rome, d'autres avec une bourse de l'État; parmi eux se trouvaient notamment M. Fontaine, architecte, qui y était allé en octobre 1785, puis Bernier, Percier, Auguste Beudot, architectes, et Guillon-Lethière, peintre, partis ensemble de Paris le 8 octobre 1786. Lecomte, architecte, et Thibaut, architecte et peintre, arrivèrent aussi de compagnie l'année suivante. Notre compatriote s'était bientôt lié d'amitié avec eux, et tous plus tard firent partie d'un petit cénacle dont il sera parlé plus loin; son heureux caractère, sa modestie, son esprit élevé et la distinction de ses manières lui avaient attiré la sympathie de ses camarades, et cette sympathie lui resta durable et touchante dans tout le cours de son existence.

M. Morel d'Arleux sut bien profiter de son séjour dans la terre classique des arts, s'y pénétrant par la vue et par des copies des œuvres des grands maîtres. Il paraît surtout avoir été profondément impressionné par l'aspect grandiose de certaines campagnes de l'Italie, des vallées profondes et mystérieuses de l'Apennin, et il s'attacha à en reproduire plusieurs vues. Il étudia aussi l'art antique dans ses monuments encore entiers ainsi que dans ses ruines, et ses études sur ce point lui furent plus tard d'un grand secours dans le classement et dans l'administration générale des dessins du Louvre qui lui furent confiés. Il resta toujours hanté des souvenirs de l'antiquité, et ses œuvres, qui sont généralement des paysages historiques, sont empreintes de ces visions; il s'y inspira, du reste, des toiles du Poussin.

De retour en France, avec un bagage assez important de paysages, M. Morel d'Arleux se maria à Pont-Sainte-Maxence (Oise), en avril 1788, avec Mlle Sophie Lescot; après cette union, il se fixa à Paris où il se livra à des travaux de peinture et de gravure; il fit plusieurs tableaux représentant en général des paysages et il travailla aussi à la gouache et au lavis. Mais, timide, modeste, se défiant trop de lui-même, il ne signait pas ses productions; ce n'est que sur des souvenirs conservés et relevés par son fils et par son gendre, relatés aussi spécialement par M. Louandre, et résultant enfin de la conservation pieuse que la famille a faite de ses œuvres, qu'on doit lui attribuer, en toute certitude d'ailleurs, les ouvrages dont il sera parlé plus loin.

Mais bientôt les événements politiques qui se succédèrent le découragèrent, et, profondément troublé et comme désemparé, il abandonna pinceaux, burins et crayons et, depuis, il ne les reprit jamais d'une manière régulière. Il resta du reste toujours étranger à la politique, et, tout en étant sincèrement patriote, mais sans s'inféoder à aucun des régimes qui suivirent, il se consacra exclusivement à ses goûts artistiques. M. Morel d'Arleux ne servit qu'une cause, celle de l'art; il s'occupa plutôt de l'antiquité que de l'actualité. Ennemi de toute flatterie et de toute brigue, il a occupé tout le reste de sa vie à remplir scrupuleusement les fonctions qui lui ont été confiées sans qu'il les eût jamais sollicitées. Il ne connaissait que ses devoirs et ne suivait que ses inspirations dans le domaine de l'art.

On apprécia bientôt son goût sûr, son esprit méthodique et son amour du travail et quand, en 1795, fut instituée l'École polytechnique, les organisateurs vinrent le charger de la garde et du classement des dessins et des archives; sa nomination date du 20 juin 1795. M. Morel d'Arleux accepta cet emploi qui rentrait particulièrement dans ses aptitudes et il y rendit de réels services. Aussi, dès l'année suivante, M. Benezech, ministre de l'Intérieur, chargé des Beaux-Arts, l'appela au Louvre pour y diriger la section de Chalcographie que l'on venait d'y créer; il fut nommé Garde des dessins, planches gravées et estampes le 24 prairial an V (18 juin 1797). En cette qualité et, plus tard, en celle de Conservateur ainsi qu'on le verra plus loin, M. Morel d'Arleux recueillit et classa les dessins et les planches des meilleurs artistes, et bientôt, grâce à ses soins éclairés, cette partie du musée fut habilement organisée.

Dans sa fréquentation à Rome avec de jeunes artistes de talent, il avait su, en homme de goût, discerner dans leurs œuvres celles qui présageaient un bel avenir; nous en trouvons la preuve dans ce fait rapporté par M. Louandre. Au cours de ses fonctions à la Chalcographie, il avait proposé à l'administration d'acheter à l'avance à de jeunes graveurs qui annonçaient les meilleures aptitudes leur première planche à un prix plus élevé que celui qu'ils pouvaient en espérer des marchands d'estampes : « par suite de cette proposition, ajoute l'historien abbevillois, et grâce aussi à l'appui de M. Foubert, administrateur du musée, la planche de la Vierge dite *la Belle Jardinière,* gravée par Boucher-Desnoyers d'après le tableau de Raphaël, fut commandée par la Chalcographie. L'expérience prouva combien cette spéculation pouvait devenir profitable au musée, car cette planche, qui eut un succès éclatant, créa la réputation de ce célèbre artiste [1], et rapporta, dit-on, à la Chalcographie près de quarante mille francs que M. Morel d'Arleux aurait voulu voir employer à l'achat de planches d'autres jeunes graveurs; mais différents obstacles s'opposèrent, paraît-il, à la continuation d'une entreprise si importante et si utile. » L'idée de M. Morel d'Arleux fut reprise plus tard, sous le Second Empire, par le comte de Nieuwerkerque, Directeur général des musées, et par M. Frédéric Reiset; ils firent enrichir cette section du musée d'un grand nombre de belles planches.

Dans les fonctions qui lui avaient été conférées, M. Morel d'Arleux avait succédé au graveur Cochin, mort en 1790; celui-ci avait remplacé lui-même Coypel, comme garde des dessins du cabinet du roi sous Louis XV et Louis XVI. Le titre de *Garde des dessins,* fut changé en celui de *Conservateur des dessins et estampes* par arrêté du 1er frimaire an XI (22 novembre 1802).

Les études complètes que l'érudit abbevillois avait faites en Italie lui servirent beaucoup dans ses fonctions au Louvre; elles lui étaient d'autant plus précieuses qu'une heureuse mémoire lui rendait toujours présentes à l'esprit les connaissances qu'il avait acquises. « Personne, nous dit encore M. Louandre, ne savait porter un jugement plus sûr et mieux fondé sur l'authenticité de telle ou telle œuvre [2]. »

[1] Boucher-Desnoyers avait gravé cette planche en 1804. Il fut nommé membre de l'Institut le 26 mars 1816, puis, en 1825, il obtint le titre de premier graveur du roi et reçut, en 1828, le titre de baron; il fut nommé officier de la Légion d'honneur en 1835. M. Boucher-Desnoyers est mort à Paris le 16 février 1857.

[2] Filhol, dans son édition, en 1804, des *Galeries du musée Napoléon*, rendait hommage au savoir de M. Morel d'Arleux, à propos d'une peinture de Mannozzi, peintre originaire, en 1590, de San Giovanni près de Florence, mort en 1636. Cette toile portait le titre : *les chasseurs prenant congé du curé*

En 1803, M. Morel d'Arleux se trouva en rapport avec le baron Denon, qui avait été nommé directeur général des musées du Louvre le 3 décembre 1802. Celui-ci le tenait en haute estime ; il avait la plus grande confiance en ses lumières quand il se trouvait en doute sur le sujet d'une composition ou sur quelque œuvre de l'antiquité ; il l'appelait « l'Œdipe du musée, le grand dénicheur des dieux du paganisme et des saints du paradis ». Le digne collaborateur de Denon, nous dit aussi M. Louandre, avait beaucoup contribué à établir le bel ordre qui faisait ressortir au musée Napoléon toutes les richesses provenant de nos victoires d'alors : « Nul, ajoute ce biographe, ne portait plus de savoir, de critique et de clarté dans l'étude des productions de l'art, ne les classait plus nettement et ne les jugeait mieux. Peu d'hommes ont mieux compris le langage énigmatique de l'antiquité et reconnu avec plus de certitude et de facilité les attributs des personnages mythologiques ou historiques. » Cette appréciation d'un auteur contemporain digne de toute foi était intéressante à relever.

M. Morel d'Arleux conserva ses fonctions pendant trente ans et jusqu'à sa mort, sous les divers régimes, par le seul ascendant de son vrai mérite. Tout en prenant une large part dans l'organisation de notre grand Musée national dont il était devenu l'un des premiers conservateurs [1], l'érudit abbevillois, qui était doublé d'un artiste, s'occupa aussi des diverses Expositions officielles et il y montra également ses précieuses qualités. Dans l'introduction historique écrite en 1866 pour le catalogue des dessins du Louvre par M. Reiset, qui fut nommé directeur en 1874, on lit le passage suivant : « ... L'un des auxiliaires dévoués de M. Denon fut M. Morel d'Arleux, déjà nommé conservateur des musées en 1798, qui,

Arlotto, pièce dessinée par Bourdon, gravée à l'eau-forte par Lasage et terminée par Dambrun. Qu'était ce curé Arlotto, et où le peintre Mannozzi avait-il tiré le sujet de son tableau ? « J'ignorerais encore, dit Filhol, l'auteur de cet ouvrage sans M. Morel d'Arleux, conservateur des dessins et des planches de la Chalcographie du musée Napoléon, dont les connaissances dans la littérature et les arts d'Italie sont très étendues et dont la complaisance a bien voulu suppléer ici à mon peu de lumières. » Et c'est M. Morel d'Arleux qui seul a pu faire connaître que le curé Arlotto avait écrit un ouvrage sous le titre : *Facezie del piorano Arletti*, et que c'est dans cet ouvrage que le peintre florentin avait puisé le sujet de la scène composée par lui.

[1] Les archives du Louvre constatent qu'il rédigea, en 1811, un inventaire des dessins et planches gravées de la Chalcographie du musée Napoléon.

pendant de longues années, se consacra à d'humbles et utiles travaux de classification. C'est également M. Morel d'Arleux qui dut organiser les diverses expositions qui se succédèrent jusqu'en 1827, année de sa mort, et il rédigea les diverses notices qui suivirent celle de l'an V (1798). Nous donnerons la liste de ces livrets, dont le premier servit de modèle... » Ce témoignage a son importance, surtout par la valeur de l'homme qui l'a donné, et il est tout à l'honneur de notre distingué compatriote; ces lignes de M. Reiset font ressortir en effet la patience et l'esprit de méthode dont il était doué et dont il savait faire preuve en toute occasion.

M. Morel d'Arleux, nous l'avons dit, était très modeste, faisant valoir les autres en oubliant sa propre personnalité. En dehors des notices dont il est parlé ci-dessus comme faites par lui, il a, nous rapporte M. Louandre, collaboré à des ouvrages sur les arts et il a publié dans les journaux et revues de l'époque un grand nombre d'articles biographiques sur les artistes, mais, se défiant trop de lui-même et retenu par une rare modestie, il ne les signait pas. Aussi, nous ne pouvons sur ce point que nous en rapporter aux déclarations, formelles d'ailleurs, de ses contemporains; on ne trouve d'indication précise que pour une *dissertation sur un traité de Charles Le Brun concernant le rapport de la physionomie humaine avec celle des animaux*. (Paris, 1806, grand in-folio.) Cet ouvrage fut composé, dit-on, pour tenir lieu du discours, malheureusement perdu pour nous, que Charles Le Brun prononça sur le même sujet, en 1671, dans une des conférences de l'Académie de peinture[1].

M. Morel d'Arleux est mort à Paris, le 6 avril 1827. Nous relevons sur l'acte de décès dressé le lendemain les mentions suivantes : « Louis-Marie-Joseph Morel d'Arleux, l'un des conserva-

[1] Dans le savant et considérable ouvrage que M. Henry Jouin a consacré, en 1889, à Charles Le Brun (in-fol. de 818 p., imp. Nationale), l'érudit écrivain d'art a reproduit, à la page 391, l'abrégé d'une conférence de Le Brun sur la physionomie humaine, avec application à la faune. Cela se rapporte-t-il aux pages écrites par M. Morel d'Arleux? Nous n'oserions nous prononcer. Quoi qu'il en soit, le travail de M. Morel d'Arleux, publié en 1806, n'en témoigne pas moins de ses connaissances étendues et l'attribution est certaine; la preuve en résulte de ce fait qu'un exemplaire grand format de cette dissertation avec reproduction de figures, qui se trouve à la Bibliothèque nationale, porte cette inscription de a main de son auteur : *donné par M. Morel d'Arleux, conservateur des dessins du Louvre*.

séjour au delà des monts se distinguent d'abord par une grande entente de la perspective. Les plans sont bien posés, bien gradués, s'étendant souvent à l'infini, sous une lumière savamment distribuée, pour se perdre dans des lointains à perte de vue où se fondent des collines et des montagnes aux cimes dénudées. Ici, c'est une rivière aux eaux limpides et transparentes qui se déroule en serpentant dans une vallée; là, des ruines, des villas, des tours, des colonnes, le tout placé avec art, entremêlé de bouquets d'arbres ou de broussailles. Puis des personnages drapés à l'antique viennent généralement animer ces paysages, tous bien placés et dans des attitudes toujours variées. C'est ce qu'on appelle le genre historique, à la manière du Poussin, dont l'artiste paraît manifestement s'être inspiré.

L'œuvre principale de M. Morel d'Arleux est un grand tableau à l'huile représentant *Cicéron découvrant le tombeau d'Archimède à Syracuse*[1]. La famille l'a fait lithographier, après sa mort, par Van der Burch et un exemplaire se trouve à la Bibliothèque Nationale, aux estampes; la toile (hauteur, 1m,30; largeur, 1m,95) a été exécutée à Paris, en 1792, vers l'époque de la naissance du fils de l'artiste; ce fut, sinon la dernière, au moins l'une de ses dernières œuvres. Le sujet a été tiré des *Tusculanes*, livre V, chapitre XIII; Cicéron y rapporte que, pendant son séjour en Sicile, en qualité de questeur, il voulut s'informer du tombeau d'Archimède. Personne ne put lui en indiquer l'emplacement et le grand orateur reprochait aux Syracusains l'oubli dans lequel ils avaient laissé tomber le souvenir du sépulcre d'un homme aussi remarquable. A la faveur de quelques vers qu'il savait avoir été tracés sur le monument avec une sphère et un cylindre, il parvint à le découvrir, caché sous des ronces et des épines, et il retrouva sur une colonne les figures des deux objets signalés ainsi qu'un reste d'inscription qui ne laissait pas de doutes. « Et c'est ainsi, ajoute l'auteur des *Tusculanes* — non sans une certaine pointe d'ironie malicieuse — qu'une des cités de la Grèce, des plus illustres et qui a produit tant de savants, ignorerait encore où est le tombeau du plus ingénieux de ses citoyens, si un homme de la petite ville d'Arpinum n'était allé le lui apprendre! » La découverte eut lieu

[1] Voir la planche ci-contre.

l'an 76 avant Jésus-Christ, et cent trente-six ans après la mort de l'illustre savant.

Le sujet devait tenter notre peintre, car il lui donnait l'occasion de présenter un paysage antique comme il savait si bien le faire, et il y a parfaitement réussi. S'inspirant du passage des *Tusculanes*, il sut faire revivre cette scène épisodique d'une manière imposante et il l'a encadrée dans une vue superbe. Ce qu'on peut surtout remarquer dans cette toile, en dehors du groupe des personnages qui dégagent les ruines de leurs broussailles, c'est une large allée bordée d'arbres majestueux sous lesquels passe la lumière éclatante du ciel pur de la Sicile et qui se prolonge en une belle perspective; puis, encore plus loin, des monuments antiques. L'œuvre, en son ensemble, est empreinte d'un caractère grandiose et elle suffirait à elle seule à donner la mesure du talent de M. Morel d'Arleux pour des compositions de cette nature. Il est regrettable qu'il n'ait pas cru devoir la faire figurer alors à une exposition; elle y aurait certainement été remarquée.

Un autre tableau, d'un genre différent, est celui de *Notre-Seigneur et la Samaritaine*, sujet tiré de l'Évangile selon saint Jean, chapitre IV. Là encore, M. Morel d'Arleux a représenté la scène dans un milieu de paysage d'un grand effet, près d'une place au delà de laquelle on voit la porte, les murs et les monuments de la ville de Sichem, encadrée à l'horizon par des montagnes. Jésus, au premier plan, est debout devant la Samaritaine qui est assise, non pas près d'un puits comme souvent elle a été représentée, mais près d'une fontaine entourée d'arbres. L'ensemble a de la grandeur et la perspective y a été, comme dans les autres œuvres, bien étudiée.

Une peinture, fort belle aussi, beaucoup plus petite, mérite encore d'être signalée. C'est un paysage d'Italie; on voit au premier plan une rivière qui serpente au loin, bordée en face par un massif d'arbres. Deux personnages donnent de la vie à ce tableau; l'un se baignant au fil de l'eau dont la limpidité laisse voir le corps presque entièrement plongé; l'autre est assis près d'une colonne funéraire sur des rochers qui forment la rive.

Les autres œuvres, exécutées également à l'huile, représentent encore des vues d'Italie sous des aspects divers, notamment *les cascades de Tivoli;* toutes rentrent dans le même genre histo-

MOREL D'ARLEUX. Phototypie Berthaud, Paris

JÉSUS ET LA SAMARITAINE

rique avec des fabriques et des personnages; elles sont non moins consciencieusement et habilement traitées par l'artiste. On les verra décrites dans le relevé raisonné de ses travaux qui complétera cette étude.

Mentionnons enfin une curieuse représentation de *la Bastille*, prise dans son ensemble du côté du faubourg Saint-Antoine; malgré ses dimensions restreintes, elle a été exécutée largement sans exclure des détails intéressants et curieux.

M. Morel d'Arleux a tenu aussi le crayon et la plume, et il a travaillé au lavis et à la gouache. Nous avons vu chez un de ses descendants un joli paysage au lavis représentant une vallée d'Italie, avec perspective lointaine et des collines à l'horizon. Un pastel nous montre également un vallon traversé par un cours d'eau qui y décrit des méandres et où circulent des personnages bien groupés. Plusieurs études sont conservées dans sa famille, notamment deux charmants paysages à la gouache, d'autres au lavis simple; toutes ces compositions sont rehaussées de ruines, de villas parsemées avec art et présentant un ensemble toujours agréable à l'œil. Puis enfin une série de croquis, figures, animaux, arbres, études d'architecture, etc., dont quelques-uns lui ont servi notamment pour sa grande composition de *la découverte du tombeau d'Archimède* : on y retrouve le même soin et la même conscience dans l'exécution.

Il nous reste à parler de ses gravures.

M. Morel d'Arleux en a fait un certain nombre, presque toutes disséminées, plutôt en vignettes, dans des ouvrages, mais, comme toujours malheureusement, non signées. Il n'a donc pas été possible de les retrouver, pas plus que les titres des publications, mais le fait est attesté par ses contemporains.

L'une des gravures qu'il est permis de lui attribuer en toute certitude est une assez grande pièce : *le couronnement du buste de Voltaire*, publiée à Paris chez Alibert [1]. Elle rappelle l'ovation faite à ce célèbre écrivain le 30 mars 1778, lors de la sixième

[1] La relation de cette sorte de triomphe se trouve dans le *Journal littéraire* de Laharpe, du 5 avril 1778; elle a été reproduite dans quelques éditions des œuvres de Voltaire, notamment dans celle publiée par Lefèvre et Deterville en 1817.

représentation de la tragédie d'*Irène* qui eut lieu presque juste deux mois avant la mort de son auteur (3 mai 1778). Cette gravure dénote un réel talent de composition et de l'habileté dans le maniement du burin. Plus tard, à son retour d'Italie, il travailla, nous dit M. Louandre, à l'illustration d'un des deux volumes publiés en 1790 par Leroy sur les *Voyages de Le Vaillant en 1781 et en 1785 dans l'intérieur de l'Afrique* : il y a représenté pour l'un des voyages plusieurs vues et des types d'habitants du pays, le tout finement gravé.

M. Morel d'Arleux a laissé à sa famille un album fort intéressant, contenant des croquis, des gravures, et notamment une suite de pièces à l'eau-forte représentant des types de personnages, notamment *l'Élégant*, *l'Élégante*, *le Bourgeois*, *la Bourgeoise*, en costume d'avant la Révolution [1].

On possède plusieurs portraits de l'artiste : l'un d'eux, le plus important, peint par lui-même, à l'huile (hauteur 0^{m},44; largeur 0^{m},34). Il s'est représenté au milieu d'un parc, en costume du temps du Directoire, assis de côté devant une table sur laquelle il est en train de dessiner. Sa figure, au front développé, est bien ouverte; les traits sont ceux d'un homme intelligent et bon [2].

M. Posch, sculpteur, qui se trouvait en relations avec M. Morel d'Arleux, a fait de lui un délicieux médaillon, dont le moule, en très fin plâtre (diamètre 0^{m},08), est conservé précieusement dans la famille. Celle-ci possède également, encadré dans une sertissure de 0^{m},07 de diamètre, un très joli portrait au crayon, d'un profil non moins pur et délicat que le précédent; ce dessin a été fait par le baron Denon, et c'est une véritable œuvre d'art; elle consacre en même temps tout l'attachement que le directeur des musées portait à l'un de ses conservateurs les plus distingués. Ce portrait a été, paraît-il, crayonné en quelques heures. Derrière le médaillon nous avons lu l'inscription suivante, qui est, nous a-t-il été assuré, de la main de l'auteur : *Dessiné en mai* 1811 *par M. Denon directeur général des musées*, et au-dessous : *A M. Morel d'Arleux, Louis-Marie-Joseph, conservateur du musée du Louvre, preuve d'amitié et de considération*.

[1] Voir les planches ci-contre.
[2] Voir la planche ci-dessus.

d'Abbeville, une première figure, celle d'Antée, puis, l'année suivante, celle d'Hercule; elles avaient été acquises séparément par M. Traullé et par M. Morel de Campennelle, son collègue de la Société d'émulation; les deux antiquaires rapprochèrent les deux statuettes qui s'adaptèrent parfaitement, et ils reconstituèrent ainsi le groupe qui fit l'objet d'une savante étude présentée à la Société d'émulation par M. Morel de Campennelle. Ce groupe a été reproduit en héliogravure Dujardin, avec une notice, en tête du premier volume de l'*Album archéologique* publié par la Société des Antiquaires de Picardie à Amiens. Cette pièce remarquable, qu'on a attribuée notamment à un sculpteur gréco-alexandrin du premier siècle avant l'ère chrétienne, est aujourd'hui en la possession de M. Charles Morel d'Arleux, notaire honoraire à Paris, un des petits-fils de notre peintre-graveur abbevillois.

Revenons, pour terminer, sur la personnalité de M. Morel d'Arleux et sur ses vertus privées.

En dehors de ses mérites comme artiste, comme écrivain d'art et comme administrateur, ce qui le distinguait surtout c'était l'aménité de son caractère et ses hautes qualités morales; il n'avait partout que des amis. Ses contemporains se sont tous accordés pour le reconnaître et pour en rendre témoignage. « Aux formes extérieures les plus aimables et les plus nobles, nous dit M. Louandre, Morel d'Arleux joignait le rare assemblage d'un esprit vaste et d'une belle âme. Peu de personnes ont eu à un pareil degré cette mémoire qui conserve tout ce qu'on a lu et observé, et cette délicatesse de tact qui fait tout apprécier avec justesse. » Les écrits ou les lettres de MM. Denon, Filhol et Fontaine, aussi bien que ceux du comte de Forbin, le confirment également.

Pendant son séjour à Rome, M. Morel d'Arleux, nous l'avons dit plus haut, s'était trouvé en rapports d'études et d'amitié avec plusieurs jeunes artistes. De retour en France, ceux-ci, après avoir été dispersés pendant plusieurs années, se retrouvèrent à Paris et ils fondèrent en l'an X (janvier 1801) une sorte de société amicale qu'ils appelèrent du nom de *Duodi*, parce que ses membres se réunissaient le 2 de chaque mois (soit le premier duodi d'après le calendrier de l'époque) ; ils conservèrent toujours ce nom, malgré la reprise du calendrier grégorien. La manière dont notre compatriote abbevillois fut appelé à en faire partie fait connaître combien il était aimé et apprécié de ses camarades d'Italie; on en verra la preuve par une lettre de M. Bernier ci-dessous transcrite[1].

Quelques détails sont à rappeler au sujet de ce petit cénacle sans prétention, formé sous l'égide de la seule amitié et de la similitude de goûts; il est resté, croyons-nous, peu connu. Le nombre des membres avait été, dès l'origine, limité à douze et ils ne devaient pas être remplacés à la mort de chacun d'eux; une seule exception fut faite au décès de M. Lecomte, arrivé en 1818. Les réunions avaient lieu une fois par mois, le 2, chez un modeste traiteur du nom de Filard, au boulevard Montparnasse, à l'endroit même où, prenant plus tard de l'extension, l'établissement est devenu *la Grande Chaumière*. Il était formellement entendu, dans cette société absolument intime et amicale, que l'on s'abstiendrait de toute parole ou même de toute allusion ayant trait à la politique et que l'on ne s'occuperait exclusivement que de questions relatives

[1] *Bâtiments de Saint-Cloud.*

Saint-Cloud, le 5 pluviôse an 10 (25 janvier 1801) de la République française, une et indivisible.

L'Inspecteur des bâtiments (imprimé) à son ami d'Arleux[1].

Je suis passé au museum, mon bon ami, avant-hier avant mon départ, et je ne t'ai pas trouvé. J'avais à te communiquer une chose importante que je ne puis différer de t'apprendre. Voici de quoi il s'agit. La Société des Duodi séante au Mont Parnase, maison Filard, désirant renfermer dans son sein tous les éléments qui peuvent la compléter et comme amitié et comme qualités individuelles, a arrêté *à l'unanimité* que son nombre serait invariablement fixé à douze membres et que le bon d'Arleux serait invité (si cette réunion lui convient) à venir siéger au milieu des anciens camarades d'Italie.

Je dois te dire, mon ami, que je n'ai aucune part à ta nomination, que j'ai donné ma voix par scrutin comme un autre, mais que je n'ai pas dit un mot pour influencer mes camarades. Ainsi tu peux être bien assuré que l'unanimité qui t'appelle au milieu des enfants de la joie est l'effet d'une estime sentie et d'un vœu formé depuis longtemps.

La Société m'a donné une preuve bien délicate de son amitié en provoquant elle-même cette admission et en me chargeant de te faire part du résultat et de te prier en son nom d'agréer, quelque parti que tu prennes, l'assurance des sentiments d'estime et d'amitié que te vouent tous ses membres et en particulier ton sincère et vieux ami.

Signé : BERNIER.

Présente, je te prie, à Madame d'Arleux mon respectueux attachement.

[1] La suscription porte : *garde des dessins du muséum central des arts.*

aux beaux-arts, surtout en ce qui concernait les anciens et les maîtres de la Renaissance[1]. Le but, en même temps, était d'entretenir et de raviver les souvenirs du temps que l'on avait passé ensemble en Italie dans des rapports agréables; l'usage était même de n'employer dans les réunions que la langue italienne qui avait été familière à tous. On devait continuer, malgré les différences de position survenues aux divers membres de cette petite société (six notamment

[1] Nous croyons devoir donner ici la liste des douze amis qui composaient la petite société des *Duodi :*

Callet (Charles-François), architecte-voyer de la ville de Paris, né à Paris, le 10 mars 1755, † à Paris, le 2 mai 1848.

Morel d'Arleux (Louis-Marie-Joseph), peintre de paysages, conservateur des dessins et planches gravées du musée du Louvre de 1797 à 1827, né à Abbeville, le 27 janvier 1755, † à Paris, le 6 avril 1827.

Bernier (Claude-Louis), architecte-inspecteur des bâtiments du Louvre, né à May, près Meaux, le 9 octobre 1755, † à Paris, le 10 janvier 1830.

Delespine (Pierre-Jules), membre du jury de l'École Royale d'architecture et du Conseil des bâtiments civils, membre de l'Institut, né à Paris, le 11 octobre 1756, † à Paris, le 16 septembre 1825.

Thibault (Jean-Thomas), architecte du Roi de Hollande Louis Napoléon, professeur à l'École des Beaux-Arts, membre de l'Institut, né à Montiérender (Champagne) le 20 novembre 1757, † à Paris, le 27 juin 1826.

Lecomte (Hippolyte), architecte du roi de Naples Murat, né à la Ferté-sous-Jouarre, en..., † à Paris, le 24 décembre 1818.

Guillon-Lethière (Guillaume), peintre d'histoire, directeur de l'Académie française à Rome, membre de l'Institut, né à Sainte-Anne (Guadeloupe), le 10 janvier 1760, † à Paris, le 21 avril 1832.

Bidault (Jean-Joseph-Xavier), peintre de paysage, membre de l'Institut, né à Carpentras, le 15 avril 1758, † à Montmorency, le 20 octobre 1846.

Dufour (Alexandre), architecte du palais de Versailles, né à Rouen, en septembre 1760, † à Versailles, le 31 janvier 1835.

Fontaine (Pierre-François-Léonard), architecte du général Moreau, du général Bonaparte, du Premier Consul, de l'empereur Napoléon Ier, des rois Louis XVIII, Charles X et Louis-Philippe, membre de l'Institut, né à Pontoise, le 20 septembre 1762, † à Paris, le 10 octobre 1853.

Beudot (Augustin-Marie), dit Auguste, architecte-entrepreneur des bâtiments de la couronne, né à Semur, le 18 novembre 1763, † à Paris, le 18 novembre 1832.

Percier (Charles), architecte, professeur à l'École des Beaux-Arts, membre de l'Institut, né à Paris, le 22 août 1764, † à Paris, le 5 septembre 1838.

A cette liste, qui est celle des douze membres de la Société, dont les portraits ont été dessinés par Boilly, comme il sera indiqué dans la note qui suit, il convient d'ajouter le nom du seul membre qui fut choisi pour remplacer M. Lecomte, le premier membre décédé : ce fut M. Fortin (Auguste-Félix), grand prix de sculpture en 1784, né à Paris, en 1763, † dans la même ville, le 3 juillet 1832. Il n'y eut que cette seule exception au règlement adopté.

devinrent membres de l'Institut), à se traiter dans les réunions avec une franchise et une familiarité rappelant les épanchements de la jeunesse; cette tradition fut toujours fidèlement suivie. Chacun à son tour prenait le titre de *patron* et présidait le repas. La première réunion eut lieu en l'an X (janvier 1801) : le plus âgé alors avait quarante-six ans, le plus jeune trente-sept; le premier décès n'eut lieu qu'au bout de dix-huit ans, le dernier au bout de cinquante-trois ans. Pendant cet intervalle, l'union la plus parfaite ne cessa de régner parmi les membres : ceux qui disparaissaient, nous l'avons dit, n'étaient pas remplacés et la société ne prit fin qu'à la mort de l'avant-dernier survivant [1].

Parmi les nombreux amis de M. Morel d'Arleux dans le cours de son existence, il faut mentionner M. Fauvel, savant archéologue, qui fut nommé, en 1787, consul à Athènes où il avait été d'abord en touriste dès 1780 [2]. C'est à Abbeville, où M. Fauvel, plus âgé que lui de près de deux années, né à Clermont (Oise) en 1753, avait passé sa jeunesse et fait ses études, que M. Morel d'Arleux

[1] Il est resté trace de ce touchant rapprochement d'hommes de cœur et d'intelligence et voici à la faveur de quelle circonstance : En 1807, M. Guillon-Lethière, l'un d'eux, ayant été nommé directeur de l'Académie de France à Rome, ses amis firent dessiner leur portrait par Boilly et ils en formèrent un album qui fut offert à Lethière au dîner du 2 juillet de cette même année. En tête se trouvait un frontispice dessiné par M. Percier, le plus jeune des douze amis, avec le titre : *Pegno d'Amicizia;* on y voyait représentée la chaumière au milieu d'un paysage, avec un encadrement composé de petits médaillons renfermant chacun le nom d'un des sociétaires; (la pièce porte 0m,075 et dans son ensemble, avec les médaillons, 0m,140). Lethière, très touché de cette marque de sympathie, fit graver à Rome par Antonio Testa les dessins de Boilly, et à l'une des réunions qui eut lieu en son absence, chacun des convives trouva sous sa serviette le cahier renfermant les douze portraits gravés avec la planche de sa propre figure. L'un de ces exemplaires devenus rarissimes se trouve aux Estampes, à la Bibliothèque nationale, où M. Henri Bouchot, membre de l'Institut, l'érudit Conservateur en chef, a bien voulu nous le mettre en mains avec son obligeance habituelle. Le premier portrait est celui de M. Callet, le second celui de M. Morel d'Arleux.

[2] Fauvel (Louis-François-Sébastien). La plus grande partie de sa vie s'écoula en Grèce où il fut nommé consul en 1787; il a laissé de nombreuses notes manuscrites, des dessins de ruines et une volumineuse correspondance, le tout recueilli à la Bibliothèque nationale. Il est mort à Smyrne le 12 mars 1838, à l'âge de 85 ans, entouré de respect et de considération. Le buste, en terre cuite, de M. Fauvel, d'un sculpteur inconnu, se trouve au musée d'Abbeville et du Ponthieu; il a été donné par M. Alexandre Traullé, en souvenir du séjour de M. Fauvel à Abbeville pendant toute sa jeunesse.

2

l'avait connu et s'était lié d'amitié avec lui. Il l'avait retrouvé à Paris, où nous avons vu notre compatriote inscrit sur les registres de l'École des beaux-arts en 1778; les rapports d'amitié s'étaient toujours suivis malgré l'éloignement, M. Fauvel en Grèce, M. d'Arleux en Italie, puis à Paris. Nous en avons la preuve dans une assez longue correspondance, tout intime et cordiale, que nous avons trouvée aux manuscrits à la Bibliothèque nationale; il y a aussi des lettres d'un autre ami commun, M. Bernier. Ces pages respirent toute la bonté de ces excellents hommes [1].

[1] Cette correspondance se suit de 1802 à 1823; le relevé nous entraînerait trop loin et dépasserait les bornes de cette notice. Nous nous contenterons de transcrire ici la première lettre datée de Paris; elle suffira, dans son allure toute familière, pour faire connaître le degré d'intimité qui existait entre eux.

« Paris, 1er vendémiaire an 11 (23 septembre 1802).

« Mon cher Fauvel, ton départ sans t'avoir fait nos adieux nous a fait grand peine. Je te croyais à Soissons pendant que tu prenais la route de Marseille pour te rendre à ta destination. Ainsi l'ont voulu les destins, mais ce dont ils ne sauraient disposer c'est de notre amitié pour toi; quel que soit le coin de terre que tu ailles habiter, notre ancienne amitié t'y suivra et si nous pouvons, dans ce pays, t'être bon à quelque chose, ne doute pas de notre zèle à remplir tes intentions. Surtout ne va point prendre la triste résolution de couler le reste de tes jours loin de nous; Athènes est bien intéressant sans doute, mais je ne saurais croire que tu puisses y trouver des amis aussi vrais que ceux que tu as laissés sur les bords de la Seine. ... Porte-toi bien et fais-nous passer de tes nouvelles.

« Ton ami, Morel d'Arleux. »

Les autres lettres expriment les mêmes sentiments, que les années et l'éloignement n'affaiblissaient pas. Le 11 juin 1804, il lui disait : « ... Je désire, s'il nous est accordé de vieux jours, de pouvoir les passer l'un près de l'autre... » Dans une autre lettre, très longue, en 1807 : « ... Nous désirons ton retour en France; Campennelle et sa famille me chargent de te dire des choses obligeantes... Jacob te parlera de Pfaff (sculpteur à Abbeville) et de ses aventures... Puissent ta santé et tes affaires se consolider et te faciliter les moyens de venir passer ton automne avec nous, tu nous trouveras toujours les mêmes... »

Les lettres se suivent ainsi, toujours très affectueuses, et M. Fauvel mentionnait en tête les dates de ses réponses, mais il n'est jamais, croyons-nous, revenu en France.

Plusieurs des lettres de M. Morel d'Arleux sont suivies d'autres, écrites sur les mêmes feuilles par M. Bernier, leur ami commun, et celui-ci parle toujours de « ce bon et fidèle d'Arleux, de cet excellent d'Arleux ».

« — Tâche, mon ami, lui disait-il le 25 juillet 1807, de venir faire tes ragots avec nous; tu diras tout ce que voudras, je te promets de tout croire... Adieu, mon bon Fauvel, porte-toi bien; arrange les affaires grecques et viens revoir les vieux camarades qui ne t'ont pas oublié et qui t'embrasseront de tout cœur. Tout à toi, Bernier. »

Peu de temps après la mort de M. Morel d'Arleux, arrivée, on l'a dit, le 7 avril 1827, l'un des membres les plus distingués de la société des Duodi, M. Fontaine, architecte de l'État, membre de l'Institut, consigna dans la note suivante du 10 avril (note extraite du journal de sa vie qu'il tenait jour par jour), le touchant témoignage des regrets de tous :

« L'un de nos amis, dit-il, membre de la société des Douze, déjà bien diminuée de nombre, le bon, l'excellent d'Arleux, le meilleur des hommes que j'aie jamais connus, est mort après un an de souffrances. Il était conservateur des dessins du Louvre. Nous avions fait avec lui connaissance et amitié en Italie lorsqu'il y étudiait la peinture ; l'amabilité, la douceur, la modestie de son caractère et son instruction nous l'avaient fait remarquer, et, jusqu'à son dernier jour, chéri, estimé de tout le monde, il a constamment fait le bonheur de sa famille, de ses amis et de ceux qui l'ont entouré. Adieu, ami sincère, nous restons pour parler de toi, de tes belles qualités, des plaisirs que ton amitié nous procurait et pour donner des larmes à ta mémoire. D'Arleux nous a beaucoup aidé dans les ouvrages que nous avons publiés ; il a rectifié tout ce que nous avons dit. Son instruction, son bon jugement, sa raison étaient des appuis sans lesquels il nous était difficile de marcher. »

Ces paroles ont leur éloquence ; on sent avec quelle sincérité et quel sentiment élevé du cœur elles ont été dites, et elles sont le meilleur hommage tout désintéressé qui ait pu être rendu à notre distingué compatriote.

Dans le cours de sa vie, M. Morel d'Arleux avait reçu, on l'a vu plus haut, de nombreuses marques de sympathie de la part de tous ceux qui avaient été le plus à même de le connaître et de l'apprécier ; nous n'y reviendrons pas. Il est toutefois à remarquer que les directeurs du Louvre, baron Denon, et, après lui, le comte de Forbin, puis M. Filhol et M. Fontaine, ont parlé de ses mérites en des termes identiques. Un an après sa mort, M. le comte de Forbin, directeur depuis 1816 des musées royaux, écrivait à sa veuve la lettre suivante qui mérite aussi d'être consignée :

« *Le comte de Forbin, directeur général des musées royaux, gentilhomme honoraire de la chambre du roi, à Mme Morel d'Arleux.*

« Madame,

« J'ai l'honneur de vous adresser le brevet de la pension annuelle et viagère que S. M. vous a accordée sur la caisse de vétérance, en récompense des services rendus par feu M. Morel d'Arleux, conservateur des dessins.

« En vous transmettant ce titre, j'éprouve le besoin de vous renouveler l'assurance de l'estime et de la considération que m'avaient inspirées les excellentes qualités de M. Morel d'Arleux, dont l'expérience et les lumières ont été si utiles au Musée royal. Puisse cet hommage rendu à la mémoire de l'époux que vous regrettez à tant de titres ajouter quelque consolation à votre juste douleur !

« Agréez, madame, l'assurance des sentiments respectueux avec lesquelles j'ai l'honneur d'être

« Votre très humble et très obéissant serviteur.

« Comte DE FORBIN. »

Le souvenir de M. Morel d'Arleux s'est conservé toujours vivace et honoré parmi ses nombreux descendants : « Il était tellement aimé par sa famille et par ses amis, nous écrivait récemment Mme de Fréville de Lorme, née Villermé, sa petite-fille, et on parlait si souvent de lui que j'ai été longtemps persuadée l'avoir connu, mais j'ai découvert qu'il était mort deux ans avant ma naissance; je ne voulais pas le croire. »

Nous ne pouvions mieux finir cette simple notice que par un témoignage aussi touchant.

EM. D.

ŒUVRES DE M. MOREL D'ARLEUX

PEINTURES A L'HUILE

Cicéron découvrant le tombeau d'Archimède près de Syracuse. — Toile. — H. 1m,30. — L. 0m,95.

Au premier plan, vers le milieu, à la suite de constructions et de ruines à demi cachées, à gauche, par des arbres et des arbustes, et devant un fût de colonne, des hommes sont occupés à dégager des débris de pierres du tombeau en coupant des broussailles. Debout devant eux, l'orateur romain leur montre un papyrus déroulé; vers la droite, un personnage les regarde, assis sur un tronçon de colonne. Au delà, en face, s'étend une large avenue tout ensoleillée, bordée d'arbres séculaires dont les larges ramures feuillues se détachent sur un ciel clair. On aperçoit plus loin, vue de dos, une femme qui suit l'avenue en portant une amphore qu'elle soutient d'une main sur la tête; elle conduit un enfant de l'autre main. A droite et à gauche, au loin, on remarque, un peu confusément, des monuments antiques.

Belle composition, en bonne lumière, et où les personnages se meuvent au milieu d'un paysage d'aspect grandiose et de profonde perspective avec les arbres d'effet majestueux, les ruines et les monuments.

Jésus et la Samaritaine, toile. — H. 1m,05. — L. 1m,31.

Au premier plan, vers la gauche, la Samaritaine est assise contre un petit mur entourant le bassin d'une fontaine; un filet d'eau sort de la bouche d'une tête humaine encastrée dans une sorte de stèle surmontée d'un fronton; le bassin, en longueur, occupe une partie de la largeur de la composition. La femme est vêtue d'une robe de couleur sombre qui lui laisse les bras à découvert. Jésus est debout devant elle; il porte une tunique rouge recouverte d'un manteau qu'il relève d'un bras. A l'extrême gauche, des rochers et des arbres occupent le derrière de la fontaine, et un grand arbre s'élève de l'autre côté du bassin; leur aspect sombre fait ressortir les clartés du reste du paysage. Au delà et vers la droite, passe une longue route avec place publique plantée d'arbres à l'extrême droite; cette route, en belle perspective, conduit à une porte monumentale à plein cintre et avec tourelle carrée sur le côté gauche et murailles à droite; elle forme l'entrée de la ville de Sichem. Avant cette porte, à gauche, devant une pièce d'eau, s'élève, à l'angle des murs, un petit monument à jour présentant l'aspect d'un portique avec quatre colonnes supportant un fronton; on y accède par un escalier en pierre; des personnages sont groupés sur le péristyle. Au delà de l'enceinte de la ville, plutôt vers la droite, s'élèvent plusieurs monuments parmi lesquels on remarque un long aqueduc à arcades. A l'horizon s'estompent des montagnes qui donnent une grande profondeur au paysage.

Belle peinture, largement traitée, avec plans bien observés et en bonne perspective; les détails sont délicatement rendus.

Paysage d'Italie, toile. — H. 0m,30. — L. 0m,72.

Au premier plan coule une rivière dont le cours s'étend vers la droite en serpentant. On y remarque un nageur dont le corps apparaît tout entier, grâce à la limpidité de l'eau miroitante; il se dirige vers la berge, à droite, où se trouve un personnage assis, vêtu à l'antique. Derrière celui-ci s'élève une colonne ronde portée sur un soubassement carré et dont le chapiteau, d'ordre dorique, est surmonté d'une urne funéraire. Vers la gauche et au milieu, une allée d'arbres touffus s'étend au bord opposé de la rivière qu'ils couvrent en partie de leur ombre. Au fond, des chaînes de montagnes et une villa s'estompent dans le lointain.

Belle perspective; effet d'ensemble chatoyant dans une lumière bien ménagée avec des oppositions d'ombre et de lumière.

Paysage historique. — H. 0m,50. — L. 0m,71.

Vue dans une campagne d'Italie. Au premier plan, un cours d'eau bordé de rochers à fleur de courant sur lesquels se tient un pêcheur à la ligne. A droite, un pont en pierre, avec grande et petite arche, sur lequel passe une voiture chargée de foin, suivie par un homme. Vers la gauche, construction assez grande avec deux tours carrées.

Paysage historique. — H. 0m,52. — L. 0m,75.

Dans le même genre, formant pendant avec le précédent.

Au premier plan, près d'un chemin, un homme, assis sur un rocher, jouant de la flûte à deux roseaux, fait danser deux femmes, dont l'une porte un voile léger qui flotte au-dessus de sa tête. A droite, une villa italienne avec terrasse bordée d'une balustrade sur laquelle sont posées des statues. Plus au fond, bouquets d'arbres et autres plantations alignées sous lesquelles passe un jour fuyant. Les personnages, comme ci-dessus, sont en costume antique.

Vue d'Italie. — H. 0m,95. — L. 0m,83.

Au second plan, un monument ancien, en ruines, avec une grande

arcade d'entrée. Sur le premier plan passe un cours d'eau sur le bord duquel on voit une femme, vue de dos, drapée à l'antique; près d'elle pâture un mouton. Vers la droite se trouve une métairie aux toits plats. Plus loin s'étend la campagne avec des montagnes à l'horizon.

Vue de la Bastille. — H. 0m,23. — L. 0m,32.

La forteresse est représentée dans son ensemble du côté du faubourg Saint-Antoine; on aperçoit au fond, à gauche, le dôme de la Salpêtrière. Au devant, les fossés de la forteresse; au premier plan, à droite, une fontaine ornée de statues. Sur une sorte de terre-plein ou terrasse, un seigneur et une dame en élégant costume Louis XVI paraissent converser.

Il y a dans cette petite vue, présentée en bonne perspective, des détails assez soignés, bien qu'elle paraisse avoir été faite rapidement. Cet aspect de la Bastille a dû être peint à une époque peu antérieure à la Révolution et la pièce est intéressante à tous points de vue.

Cascades de Tivoli. — H. 1m,05. — L. 0m,70.

Ces cascades célèbres sont représentées avec le petit temple de Vesta qui se dresse, dans sa construction si élégante, sur les rochers du haut. Au bas, on voit deux personnages debout, en costume antique; l'un tient à la main une ligne à pêcher.

Portrait de M. Morel d'Arleux, par lui-même. — H. 0m,44. — L. 0m,34.

L'artiste s'est représenté au milieu d'un parc avec massifs d'arbres et de buissons à gauche. Le personnage, en costume du temps du Directoire, est assis devant une table; il tient un crayon pour dessiner sur une feuille de papier sur laquelle il pose l'autre main. Contre la table est appuyé, debout, un carton de gravures ou dessins. La tête, nue, au front bien développé, les cheveux en arrière, est présentée presque de face; les traits respirent l'intelligence et la bonté. Il paraît réfléchir et chercher quelque combinaison de sujet.

TRAVAUX AU LAVIS, AU PASTEL ET A LA GOUACHE

Paysage, vallée d'Italie, au lavis. — H. 0m,23. — L. 0m,31.

La vue représente une large vallée traversée vers la droite par une suite de rochers à pic; au delà, on aperçoit des collines rocheuses. Au premier plan, à droite, deux femmes suivent un chemin; l'une est montée sur un âne. Plus loin, à droite, un bouquet d'arbres et une villa.

Excellente pièce, finement traitée, avec des effets de perspective profonde bien rendus.

Vue d'Italie, au lavis. — H. 0m,30. — L. 0m,45.

Au premier plan, une rivière, au cours sinueux, traverse la campagne; sur le côté, assise sur des rochers, une femme drapée à l'antique tient une lyre dans les mains. Au delà, une construction avec arcade. Plus loin, à l'horizon, des collines plantées d'arbres.

Paysage d'Italie, au pastel. — H. 0m,46. — L. 0m,60.

La vue est prise presque à vol d'oiseau sur un vallon traversé par une rivière au cours sinueux. Au delà, à perte de vue, on aperçoit des montagnes aux cimes dénudées. A droite, la campagne est égayée par des constructions à demi cachées par des arbustes et des broussailles. Au premier plan, à gauche, à l'ombre de grands arbres formant berceau, on voit deux femmes en costume antique; l'une, debout, tenant sur le bras une colombe, l'autre, assise, paraissant accueillir de la main tendue un homme qui s'avance vers elle en s'appuyant sur un bâton.

Les personnages ont une pose bien naturelle et sont bien dessinés; l'effet général du paysage, présenté sous un aspect fuyant et bien éclairé, est des plus agréables.

Paysage historique, gouache. — H. 0m,20. — L. 0m,25.

Vue d'Italie. A droite, une route bordée de rochers et sur laquelle passe un homme monté à cheval. La campagne se déroule en une perspective lointaine.

Autre, même genre, formant pendant, mêmes dimensions.

Là, un chemin, à gauche, avec deux voyageurs à pied; il est bordé de constructions. Plus loin, un ravin et une prairie où circulent d'autres personnages. Dans le lointain, une échappée sur la mer.

Étude de paysage, à la gouache. — H. 0m,28. — L. 0m,35.

Au premier plan, un cours d'eau avec moulin; au fond, des bouquets d'arbres. Vers la droite, au second plan, on aperçoit une partie de construction.

Vue d'Italie, à la gouache. — H. 0m,18. — L. 0m,25.

Paysage rehaussé de constructions et traversé par un cours d'eau; il est animé par des personnages en costume antique.

L'Elégant au Rendez-vous du Palais Royal.

Vue d'Italie, à la gouache. — H. 0m,265. — L. 0m,19.

Même genre. Un homme est assis sur le bord du chemin; constructions à droite et à gauche.

Vue d'Italie.

Même genre; formant pendant et de mêmes dimensions.

DESSINS AU CRAYON OU A LA PLUME

QUELQUES-UNS REHAUSSÉS DE LAVIS

Suite d'études conservées en un album appartenant également à la famille qui possède, du reste, toutes les œuvres de M. Morel d'Arleux; elles représentent notamment :

Une étude, en croquis, du personnage assis à droite sur un tronçon de colonne, dans le tableau de *la Découverte du tombeau d'Archimède.*

Des figures, en pied, d'hommes et de femmes en costume du temps du Directoire; celles-ci sont en dessin rehaussé soit de couleur soit de sépia.

Des études d'architecture dessinées à la plume et rehaussées de lavis.

Des études d'arbres, d'animaux, dessinés à la plume, très finement traités.

GRAVURES

L'Apothéose ou le Couronnement du buste de Voltaire, au burin. — H. 0m,19. — L. 0m,145.

La France, personnifiée par une femme portant sur la tête une couronne en forme de diadème; elle est couverte d'un manteau royal en hermine fleurdelisée. Elle s'appuie d'une main sur un bouclier orné de fleurs de lis et elle dépose une couronne de lauriers sur le buste de Voltaire. Ce buste est supporté par un piédestal sur le devant duquel on lit cette inscription : *F. M. Arouet de Voltaire, né à Paris, le* 20 *nov.* 1694, *mort à Paris, le* 30 *mai* 1778.

A la marge, sont les vers suivants :

Aux yeux de Paris enchanté,
Reçois en ce jour un hommage
Que confirmera d'âge en âge
La sévère postérité.
Non, tu n'as pas besoin d'atteindre au noir rivage
Pour jouir de l'honneur de l'Immortalité.
Voltaire, reçois la couronne
Que l'on vient de te présenter.
Il est beau de la mériter
Quand c'est la France qui la donne.

Plus bas, cette mention :

Ces vers ont été faits par M. le marquis de Saint-Marc pour le couronnemen du buste de M. Voltaire à la Comédie Française le 30 mars 1778.
A Paris, chez Alibert, m[d] d'estampes, au jardin du Palais Royal.

Pièce finement gravée et d'une bonne composition.

(Voir, pour autres renseignements, aux pages 11 et 12 de cette notice[1].)

Voyages de Le Vaillant dans l'intérieur de l'Afrique par le cap de Bonne-Espérance, dans les années 1780-1781-1784 *et* 1785. Quatre volumes in-4°. Paris, Leroy, libraire. 1790.

M. Morel d'Arleux a illustré cet ouvrage de plusieurs paysages et de divers types d'habitants de l'Afrique, de l'un et de l'autre sexe, Cafres, Hottentots, etc.

L'Élégant, l'Élégante, et autres, gravures à l'eau-forte. — H. 0m,22.

Ces personnages sont en costume d'avant la Révolution. *L'Élégante* est coiffée d'un grand chapeau surmonté de larges plumes et orné de rubans; elle porte une robe bouffante à traîne. *L'Élégant* est en frac, avec un grand gilet, jabot et manchettes, l'épée au côté, le chapeau sous le bras.

Pour ces deux personnages, la gravure porte au bas : *A l'élégante, au rendez-vous du Palais-Royal à Paris, chez le m[d] d'estampes, passage du Saumon, n°* 16.

Bourgeois, Bourgeoise, même genre et mêmes dimensions.

Ils sont en costume du temps, plutôt exagéré, et ils tiennent chacun une longue canne à la main.

[1] Une gravure de Gaucher, d'après un dessin de Moreau le Jeune, représente ce sujet sur la scène même ; elle porte ce titre à la marge : *Hommage rendu à Voltaire sur le Théâtre-Français, le 30 mars 1778, après la sixième représentation d'Irène.* Tous les acteurs de la Comédie sont groupés autour du buste de Voltaire qui, comme dans la composition de M. Morel d'Arleux, est posé sur un piédestal. Les plus rapprochés du buste sont dans leur costume de la tragédie et ils tendent des couronnes vers le personnage. Dans le fond, se déroulent les décors qui représentent un vaste palais; de chaque côté, sur la scène même et en dehors, les loges sont remplies de spectateurs qui acclament; au bas, on voit une partie de l'orchestre garnie également de personnes. Cette estampe a été reproduite dans le *Musée Français*, 1er semestre de 1878.

L'Elégante à la Promenade du Palais Royal.

PARIS
TYPOGRAPHIE PLON-NOURRIT ET Cie
Rue Garancière, 8

www.ingramcontent.com/pod-product-compliance
Ingram Content Group UK Ltd.
Pitfield, Milton Keynes, MK11 3LW, UK
UKHW020953220726
13924UKWH00002B/665

9 782019 929794